CÉRÉMONIES

DE LA DÉDICACE

ET CONSÉCRATION

DE L'ÉGLISE

DE SAINT SULPICE.

A PARIS,

De l'Imprimerie de P. G. LE MERCIER, Imprimeur-Libraire
ordinaire de la Ville, rue Saint Jacques, au Livre d'or.

M D C C X L V.

AVEC APPROBATION ET PERMISSION.

CÉRÉMONIES

DE LA DÉDICACE

ET CONSÉCRATION

DE L'ÉGLISE

DE SAINT SULPICE.

EXTRAIT DU REGISTRE
de la Fabrique de Saint Sulpice, du 30 Juin 1745.

'AN mil sept cens quarante-cinq, le dernier jour du mois de Juin, l'Eglise Paroissiale de Saint Sulpice a été consacrée, & la Dédicace en a été faite en la maniere & avec les Cérémonies qui suivent.

Pendant le cours des mois de Mai & Juin, M. Languet de Gergy, Curé de S. Sulpice, & Messieurs les Mar-

A

guilliers ayant jugé que l'Eglife étoit fuffifamment clofe & pavée pour la commodité desParoiffiens; M. le Curé a donné fes foins pour la décoration de ce vafte Edifice, & a fourni tout ce qui étoit nécef-faire, afin que cette folennité pût avoir toute la décence & l'éclat con-venables. Meffieurs les Marguilliers y ont auffi concouru en ordon-nant le nétoyage de tous les vitraux de l'Eglife, & ont pourvu avec joye à tout ce qui pouvoit dépendre de leur miniftere.

Comme cette Confécration ne pouvoit fe faire qu'avec le con-fentement de Monfeigneur l'Archevêque; Monfeigneur le Comte de Maurepas, Miniftre d'Etat & premier Marguillier, & Monfieur le Curé ont été lui expofer les vœux de toute la Paroiffe à ce fu-jet ; le prier de vouloir bien en prendre la peine lui-même fi fa fanté le lui permettoit, & de la faire à la tête du Clergé de France pour lors affemblé, dont il étoit le premier Préfident.

Monfeigneur l'Archevêque reçut cette demande avec une fatis-faction digne de fon zéle, & promit de faire la Cérémonie con-jointement avec tous Noffeigneurs les Archevêques & Evêques de l'Affemblée. Mais fe défiant enfuite des forces de fa fanté à caufe de fon grand âge & de fes grandes occupations, il fit expédier un *Licet* en date du 18 Juin. Il y permet à Monfeigneur l'Archevêque de Tours, fecond Préfident de ladite Affemblée, & à tous Noffei-gneurs les Archevêques & Evêques qui la compofoient de faire cette Confécration, & même d'officier pontificalement tous les jours de fon Octave.

En conféquence, M. le Curé & Monfeigneur le Comte de Maurepas ont invité ces Seigneurs Archevêques & Evêques de convenir d'un jour précis à cet effet. M. le Curé s'eft auffi tranf-porté chez Meffieurs les Agens Généraux du Clergé de France, & chez tous & chacun de Meffieurs les Députés du fecond Ordre pour les inviter à rendre par leur préfence ces Cérémonies plus auguftes.

3

Ils ont unanimement répondu à cette invitation , & le tout s'eſt paſſé de la maniere la plus obligeante.

Hier 29. Juin, Fête de Saint Pierre & de Saint Paul , immédiatement après les Vêpres & le Salut , on fit ſolennellement le tranſport des Reliques des Saints Martyrs Maurice & Primitif, deſtinées à être dépoſées dans le Tombeau de l'Autel qui devoit être conſacré aujourd'hui. Ce tranſport ſe fit de l'Egliſe dans la Chapelle du Séminaire de Saint Sulpice : & afin d'inſpirer aux Paroiſſiens une plus grande vénération , on les fit accompagner par toutes les autres Reliques des Saints qui ſont dans le Tréſor de ladite Egliſe.

Tout le Clergé de la Communauté de Meſſieurs les Prêtres de la Paroiſſe , un grand nombre de Meſſieurs les Directeurs & Séminariſtes des deux Séminaires de S. Sulpice, & Meſſieurs les Clercs de la Paroiſſe marchoient proceſſionnellement. Les Reliquaires étoient portés par pluſieurs Eccléſiaſtiques ſur des brancards ornés avec décence. M. le Curé fermoit la Proceſſion & portoit dans ſes mains les Reliques des Saints qui devoient ſervir à la Conſécration. Elles étoient enfermées dans le même Vaſe qui avoit été ci-devant dépoſé dans l'ancien Autel de la Sainte Vierge. Il étoit couvert d'un pavillon de drap d'or , & porté ſous une magnifique écharpe de ſoie cramoiſie , ornée de larges galons & crépines d'or. Marchoient enſuite Meſſieurs les Marguilliers , ſuivis des Directeurs de toutes les Confréries de la Paroiſſe , & d'un nombre infini de peuple.

M. Couſturier , Abbé de Chaume & Supérieur Général des Séminaires de Saint Sulpice, accompagné d'un très-nombreux Clergé, reçut dans la cour du Grand Séminaire cette Proceſſion.

On dépoſa dans la Chapelle ces Reliques , devant leſquelles Meſſieurs du Séminaire réciterent les Vigiles. Monſeigneur l'Arche-

vêque de Tours fit la vérification de celles des Saints Martyrs , &
en mit une cédule en parchemin dans leur Reliquaire , qu'il ferma
avec le fceau de fes armes.

Le lendemain , qui eft aujourd'hui 30 de Juin 1745 , l'Eglife
étant préparée & toutes chofes difpofées convenablement ; à cinq
heures du matin , eft arrivé M. de Roquemont, Commandant du
Guet, avec un très-grand nombre d'Officiers & de Cavaliers qui
ont été diftribués pour la garde de l'Eglife à chacune de fes portes.
Tout le Guet à pied s'eft rendu en même tems devant le Grand
Portail, ayant fes Officiers à la tête, fon drapeau, fes tambours &
fifres; le tout par les ordres de Monfeigneur le Comte de Maurepas. M. le Curé & Meffieurs les Marguilliers avoient pris foin de
faire garder la grande porte du Séminaire, & les rues voifines par
quelques Compagnies du Régiment des Gardes Suiffes; afin que
les Cérémonies ne fuffent point interrompues par le paffage des
voitures, & par l'affluence d'un peuple infini qu'une jufte & fainte
curiofité attiroit de toute part à ce religieux fpectacle.

A fix heures du matin , Noffeigneurs les Archevêques & Evêques de l'Affemblée, deftinés pour faire la fonction de Confécrateurs, font arrivés au Grand Séminaire , où s'étant revêtus de leurs
rochet & camail , ils font venus proceffionnellement avec tout le
Clergé à l'Eglife. Ils étoient au nombre de vingt-un ; fçavoir ,
fept Archevêques : Noffeigneurs

M. Louis-Jacques Chapt de Raftignac , Archevêque de Tours.

M. Jean-Louis de Bertons de Crillon , Archevêque de Nar-
bonne.

M. Nicolas de Saulx-Tavannes , Archevêque de Rouen.

M. Charles-Antoine de la Roche-Aymon , Archevêque de
Touloufe.

M. Bernardin-François Foucquet, Archevêque d'Embrun.

M. Jacques Bonne Gigault de Bellefond , Archevêque d'Arles.

M. Louis - Jacques d'Audibert de Luffan , Archevêque de Bordeaux.

Et quatorze Evêques : Noffeigneurs

M. Charles-Alexandre le Filleul de la Chapelle , Evêque de Vabres.

M. Jean-Baptifte de Vacon , Evêque d'Apt.

M. Gilbert de Montmorin de Saint -Herem , Evêque de Langres.

M. Jean de Caulet , Evêque de Grenoble.

M. Paul-Alexandre Guenet , Evêque de Saint Pons.

M. Paul d'Albert de Luynes , Evêque de Bayeux.

M. François - Hyacinthe de la Fruglaye , Evêque de Treguiers.

M. Emmanuel-Henry de Coffé de Briffac , Evêque de Condom.

M. François de Sarret de Gaujac , Evêque d'Aire.

M. Louis-Marie Suarez d'Aulan , Evêque d'Acqs.

M. Martin du Bellay , Evêque de Fréjus.

M. François de Beaumont d'Autichamp , Evêque de Tulles.

M. Paul de Ribeyre , Evêque de faint Flour.

Et M. Mathias Poncet de la Riviere , Evêque de Troyes.

Tous ces Prélats ont été reçus à la porte du grand portail par M. le Curé, à la tête d'un grand nombre d'Eccléfiaftiques, & conduits au milieu de la croifée de l'Eglife devant le Maître-Autel. Après y avoir fait leur priere, Monfeigneur l'Archevêque de Tours a ordonné que tout le monde fortît de l'Eglife pour la laiffer libre. Il ne devoit y refter qu'un feul Diacre en étole; le même Prélat lui en a commis la garde, & a fait allumer les cierges pofés à chacune des croix fur les douze Piliers défignés pour recevoir les onctions du faint Crême.

De-là tout le Clergé précédant Noſſeigneurs les vingt-un Pré-lats conſécrateurs, eſt retourné proceſſionnellement à la Chapelle du Séminaire. Après y avoir fait les prieres, & récité les Pſeaumes preſcrits devant les Reliques qui y repoſoient depuis la veille, ils ont été revêtus des Habits Pontificaux ; chacun ayant la mitre en tête, ſa croſſe particuliere, & une des chapes de l'Egliſe : toutes chapes uniformes, auſſi brillantes par la richeſſe que par le neuf des étoffes.

C'eſt avec cet apareil qu'on s'eſt rendu proceſſionnellement à l'Egliſe, & dans l'ordre ſuivant.

La belle croix de vermeil de la Paroiſſe, enrichie d'un grand nombre de pierres précieuſes, y étoit portée entre deux chandeliers auſſi de vermeil. Plus de trois cens Eccléſiaſtiques marchoient après deux à deux, & après eux Noſſeigneurs les Conſécrateurs. On eſt ainſi arrivé ſous le veſtibule extérieur du grand portail. Tous les Eccléſiaſtiques ſe ſont rangés en deux Corps ſous la colonnade qui forme ce veſtibule, & Noſſeigneurs devant la grande porte. Là étant à genoux ſur des tapis & carreaux, on a chanté les Litanies des Saints, à la fin deſquelles ils ont fait la bénédiction de l'eau & du ſel. Puis ayant chacun un bouquet d'Hyſope à la main, ils ſe ſont ſéparés en deux corps pour aſperſer l'un à droite, & l'autre à la gauche, les murs extérieurs de l'Egliſe. Après l'avoir fait à trois repriſes, à chacune deſquelles ils ſe réuniſſoient ſous le grand Portail, Monſeigneur l'Archevêque de Tours a frapé pour la troiſiéme fois avec ſa croſſe à la principale porte de l'Egliſe. Elle a été ouverte par le Diacre qui étoit reſté en dedans.

Alors Noſſeigneurs ont fait avec leurs croſſes le ſigne de la croix ſur le ſeüil de cette porte, & ils ſont entrés dans l'Egliſe avec les ſeuls Officiers néceſſaires pour la ſuite des cérémonies; le reſte du Clergé demeurant toujours dans le Veſtibule & continuant à y chanter les Antiennes convenables. Cependant les Conſécrateurs rangés au milieu de la croiſée ont entonné le *Veni Creator* : & tandis qu'on chantoit cette Hymne, deux Eccléſiaſtiques ont répandu de la cendre en forme de croix de ſaint André, laquelle tenoit toute la longueur de la Nef. Noſſeigneurs les Conſécrateurs étant à genoux de nouveau, on a recommencé les Litanies des Saints ; & ſeize de ces Seigneurs s'étant partagés de quatre en quatre devant chacun des bras de la croix de cendre, ils y ont tracé avec le bas de leurs croſſes toutes les lettres des alphabets Grec & Latin; cette cérémonie marquant l'union des Fidéles dans toute l'étendue de la Terre.

Ils ſe ſont enſuite rendus dans la Chapelle de la Très-Sainte Vierge dont il falloit conſacrer l'Autel : le grand Autel de l'Egliſe n'étant pas dans le cas de recevoir cette Conſécration, attendu que, par permiſſion de Monſeigneur l'Archevêque, il avoit été ci-devant conſacré par Monſeigneur l'Archevêque de Sens le 20 du mois de Mars 1734.

On avoit préparé ſur une crédence ornée au milieu de cette Chapelle l'eau, le ſel, la cendre & le vin qui ont été bénis & mêlés enſemble. Après quoi Noſſeigneurs ſe ſont rendus au bas de l'Egliſe devant la grande porte en dedans. Monſeigneur l'Archevêque de Tours a fait avec le bas de ſa croſſe deux croix ſur cette porte, une en haut, & l'autre en bas ; & on eſt revenu pour procéder à la Conſécration de l'Autel de ladite Chapelle que l'on a commencée en la maniere preſcrite par le Pontifical. Il ſera bon d'y avoir recours ſi l'on veut être inſtruit plus en détail de toutes ces auguſtes, myſtérieuſes & pénibles cérémonies.

Après ces préliminaires de conſécration, ils ſont ſortis de la Chapelle : & partagés en deux corps, ils ont beni chacun de leur côté tout l'intérieur de l'Eglise, depuis le sol jusqu'au plus haut des murs, autant qu'il a été possible, avec cette eau nouvellement bénite; ce qu'ils ont fait trois fois, à chaque côté de l'Eglise en dedans, & d'un bout à l'autre. On chantoit pendant ce tems des Antiennes & des Pseaumes qui exprimoient l'effet de ces Bénédictions. Enfin ils ont arrosé le pavé avec cette même eau, en observant de la répandre en forme de croix dans la longueur & largeur de l'Eglise. Puis s'étant de nouveau représentés devant la principale porte, toujours en dedans de l'Eglise, Monseigneur l'Archevêque de Tours a chanté une Préface, dans laquelle il a invoqué le Saint Esprit, le conjurant de prendre possession de ce Temple qui lui est consacré, & dédié en l'honneur de la sainte Croix, de saint Pierre, Patron, & de saint Sulpice, Titulaire. Il y a aussi prié pour les pécheurs, afin qu'ils obtiennent miséricorde; pour les malades & les affligés, afin qu'ils puissent y recevoir la délivrance de leurs maux.

Ces Prieres étant finies, tous les Prélats Consécrateurs sont retournés à la Chapelle de la Sainte Vierge, où Monseigneur l'Archevêque de Tours a fait une espece de mortier, selon qu'il est marqué dans le Pontifical, avec l'eau bénite, de la cendre, du ciment, &c. & l'a fait réserver pour sceller le tombeau de l'Autel dans lequel les Reliques devoient être renfermées. Ce qui étant fait, on s'est rendu processionnellement à la Chapelle du Séminaire pour prendre ces Reliques, & les aporter à l'Eglise.

Ce transport s'est fait avec beaucoup de solennité, & de religion. Le Clergé en surplis marchoit d'un pas lent, précédé, comme ci-dessus, de la croix. Plusieurs Diacres revêtus d'habits convenables à leur ordre suivoient, portant sur leurs épaules les sept plus beaux Reliquaires du trésor de l'Eglise. Chaque Reliquaire étoit accompagné de deux Ecclésiastiques tenans des flambeaux allumés.

Pour

Pour honorer encore davantage la marche des Reliques des Saints Martyrs, elles avoient un Cortége de dix-huit Eccléfiafti-ques en aubes de fin lin , avec de larges ceintures bleuës à crépines d'argent. Six portoient des flambeaux allumés , & douze , l'encen-foir à la main , les encenfoient continuellement. Ils marchoient avant les vingt Archevêques ou Evêques Confécrateurs, ayans la mitre & la croffe. Venoit enfuite Monfeigneur l'Archevêque de Tours , précédé de fa croffe & de deux Diacres d'honneur, d'un Diacre & d'un Soudiacre d'Office , & de deux Prêtres affif-tans en chapes. Il tenoit dans fes mains ces mêmes Reliques cou-vertes d'une riche écharpe , & fous un Dais à la Romaine dont les fix colonnes étoient portées par des Prêtres. Les Cavaliers du Guet en habits bleus galonnés d'or , marchoient fur deux lignes pour fervir de Garde aux faintes Reliques , & aux Evêques Confé-crateurs.

On eft forti ainfi de la Chapelle du Séminaire : & paffant par les rües remplies d'un peuple infini, & bordées par un grand nom-bre de Soldats préfentans leurs armes ; les Tambours ont battu aux champs , & les Officiers ont fait le falut du Drapeau & du Sponton au paffage des Reliques.

Monfeigneur le Comte de Maurepas, premier Marguillier, mar-choit immédiatement après le Dais , accompagné de M. le Che-valier de Mefnil , fecond Marguillier. Suivoient M. de Savigny le fils, Confeiller du Roi, Notaire au Châtelet de Paris, & M. Piat, tous deux Marguilliers en Charge ; & de deux à deux , tous Mef-fieurs les Marguilliers anciens, les Commiffaires des Pauvres de la Paroiffe , & les Directeurs de toutes les Confréries. Plufieurs Seigneurs , Pairs & Maréchaux de France, & autres perfonnes de qualité étoient avec Meffieurs les anciens Marguilliers.

On a fait de la forte le tour de l'Eglife en déhors : & lorfque les Reliques ſont arrivées au grand portail, il y a eu dans le chantier voiſin une grande décharge de boëtes. Cependant tout le Clergé s'étant arrêté ſous la colonnade du portail, après une Oraiſon récitée par tous les Conſécrateurs, Monſeigneur l'Archevêque de Tours a fait avec le ſaint Crême une onction ſur la grande porte, en priant le Seigneur que cette entrée de l'Egliſe ſoit pour les Fidéles une entrée de paix & de ſalut.

L'entrée de la Proceſſion s'eſt faite enſuite dans l'Egliſe dans le plus bel ordre, parce qu'elle étoit vuide de peuple, ayant été gardée fort éxactement. Le Clergé chantoit des Antiennes en l'honneur des ſaints Martyrs, les priant d'intercéder pour le peuple, & de protéger ce Temple qui devenoit le lieu du repos de leurs Reliques en atendant la réſurrection. On a fait le tour de l'Egliſe au dedans, le Peuple diſant continuellement *Kyrie eleïſon*. Les Reliques de la Conſécration ont été dépoſées dans la Chapelle de la Sainte Vierge, & les autres raportées au Tréſor.

Alors Monſeigneur l'Archevêque de Tours, conjointement avec les autres Prélats, a repris la Conſécration de l'Autel de cette Chapelle pour la terminer de ſuite. Il a d'abord renfermé le Reliquaire dans un tombeau de marbre pratiqué dans le maſſif dudit Autel; & il a fait dans l'intérieur de ce tombeau, & ſur la table de l'Autel toutes les onctions & encenſemens preſcrits avec les prieres convenables; ces cérémonies nous aprenant le grand reſpect dû à l'Autel du Dieu Tout-puiſſant, & au ſacrifice qui y eſt offert chaque jour.

Comme il les finiſſoit, ſix Archevêques & ſix Evêques du nombre des Conſécrateurs ſont ſortis de la Chapelle. Les ſix premiers ſe ſont rendus devant ſix piliers du Chœur, & les ſix Evêques devant autant de piliers de la Nef, chacun au pilier qui lui étoit déſigné. Les uns & les autres étoient en mitre & en chape, & accompagnés chacun de quatre Aumôniers, dont l'un portoit le faint Crême, un autre un baffin avec un Purificatoire, un autre la croffe, & un autre un encenfoir. Au même inftant, tous ces Prélats ont fait fur la croix de chacun des piliers l'onction du faint Crême, & les ont confacrés avec toute l'Eglife en l'honneur de Dieu, de la Sainte Vierge, de tous les Saints, & fpécialement de Saint Pierre & de Saint Sulpice, priant que ce Temple foit une fource de paix pour tous les fidéles. Prenant enfuite l'encenfoir, ils ont encenfé trois fois devant cette croix.

Il eft à remarquer que pour cette Confécration des piliers, il n'a pas été néceffaire de fe fervir d'échelle, les croix étant à une hauteur raifonnable, & à peu près à celle marquée par le Pontifical. On s'eft contenté d'employer au bas de chacun de ces piliers un gradin à deux marches.

Pendant que ces Seigneurs étoient occupés à cette fonction, & que ce qui reftoit à faire pour la Confécration de l'Autel s'achevoit par le miniftere de Monfeigneur l'Archevêque de Tours affifté des autres Prélats Confécrateurs; Noffeigneurs du Clergé de France qui n'avoient pû être de ce nombre, avec tous Meffieurs les Députés du fecond Ordre, font venus à l'Eglife en Corps d'affemblée. Ils s'étoient d'abord réunis dans une Sale du Séminaire de faint Sulpice, & ils font arrivés à l'Eglife, précédés par douze Suiffes de la grande livrée du Roy, & par leurs Huiffiers & autres Officiers.

Meffieurs les Abbés de Breteüil & de Nicolaï, Agens Généraux, marchoient à la tête de cet illuftre Corps en manteau long & bonnet carré. Huit de Noffeigneurs les Evêques Députés de leurs Provinces en foutanes violettes, & le camail de même fur le Rochet, marchoient deux à deux : fçavoir, Noffeigneurs les Evêques de Mâcon, de Blois, de Saint Papoul, de Sénez, de Cahors, de Laon, de Boulogne, & de Saint Paul-Trois Châteaux. Ils étoient suivis de tous Messieurs les Députés du second Ordre au nombre de trente-un, dans le même habit de cérémonie que Messieurs les Agens Généraux. Cette marche étoit fermée & accompagnée par un nombre suffisant de Gardes, afin que ces Seigneurs ne fussent pas dérangés par l'affluence du Peuple.

A leur entrée dans le Chœur, Monseigneur l'Archevêque de Sens s'est joint à eux. Il venoit d'arriver exprès de son Diocèse pour prendre part à cette grande solennité, & il s'est mis à son rang parmi Nosseigneurs. Leurs places étoient du côté de l'Evangile auprès du Trône préparé pour la Grand'Messe Pontificale, dans les hautes formes du Chœur qui étoient couvertes pardevant de tapis de velours cramoisi à galons & glands d'or, avec deux carreaux pareils à ces tapis pour chacun desdits Prélats. Messieurs les Députés du second ordre ont pris leurs places dans une partie des mêmes formes, ayant chacun un carreau de velours, & de riches tapis étendus devant eux. Le surplus des hautes & basses formes a été rempli par le Clergé de S. Sulpice, qui a de plus occupé plusieurs bancs rangés le long du Chœur.

Monseigneur l'Archevêque de Tours devant célébrer la Messe Pontificale, est sorti de la Chapelle de la Sainte Vierge, & il est venu au Maître-Autel dans cet ordre. Après la croix précédée des Turiféraires & Acolytes, marchoient entre six Induts, un Diacre & Soudiacre d'Office : celui-ci tenant le Livre des Epîtres couvert de vermeil ; & le Diacre ayant dans ses mains le Livre des Saints Evangiles, précieux morceau d'orfévrerie qui joint à la richesse de la matiere toute la perfection de l'art de son célébre Ouvrier M. Germain, Orfévre du Roy. Suivoient deux Diacres d'honneur : tous ces Officiers revêtus d'ornemens assortis aux magnifiques chapes de Noſſeigneurs les Conſécrateurs. Ces Prélats au nombre de vingt marchoient enſuite deux à deux, ayans la mitre en tête, & la croſſe à la main. Monſeigneur l'Archevêque de Tours fermoit cette belle marche, accompagné de deux Prêtres aſſiſtans en chapes.

Tous étant arrivés au Sanctuaire ſe ſont mis à genoux au tour de l'Autel ſur la marche d'en bas, & s'étant relevés après une courte priere, Monſeigneur l'Archevêque de Tours eſt monté à ſon Trône où il a été revêtu des habits pontificaux. Cependant les Prélats Conſécrateurs ont pris leurs places au tour du Sanctuaire, où on leur avoit préparé des fauteuils. Ils y ſont reſtés pendant toute la Grand'Meſſe toujours en mitre, excepté aux occaſions où les cérémonies de la Meſſe éxigeoient qu'ils la quittaſſent, à quoi ils étoient aſſiſtés par un Aumônier, tandis qu'un autre tenoit leur croſſe. Il y avoit derriere l'Autel des banquettes de velours pour aſſeoir les Diacre, Soudiacre & Induts, lorſqu'il étoit convenable. Les Diacre & Soudiacre d'Office, les deux Prêtres aſſiſtans, & autres Officiers Eccléſiaſtiques avoient des tabourets diſpoſés aux deux côtés, & ſuivant les marches du Trône. Le tout enſemble donnoit un ſpectacle très-religieux & très magnifique.

La Grand'Meſſe étant finie, on a fait une nombreuſe décharge de boëtes. Noſſeigneurs les Conſécrateurs, & ceux de l'Aſſemblée Générale qui étoient préſens, & tous Meſſieurs les Abbés, Agens Généraux, & Députés du ſecond Ordre ſont allés prendre quelque repos à l'Hôtel de Monſeigneur l'Archevêque de Sens, & ont été reconduits par M. le Curé & le Clergé de S. Sulpice, & par Meſſieurs les Marguilliers, avec les cérémonies convenables.

Toute cette illuſtre Aſſemblée a bien voulu accepter le dîner qui étoit préparé audit Hôtel. Auſſi-tôt après le repas, Noſſeigneurs ayans pris leurs rochet & camail, & Meſſieurs du ſecond

Ordre le manteau & le bonnet carré, ils font revenus à l'Eglife; & ont pris place dans l'Œuvre qu'ils ont remplie entierement malgré fa vafte étendue, & la diftribution de fes bancs difpofés en amphitéâtre. Meffieurs les Curé & Marguilliers qui en faifoient les honneurs fe font placés dans la Nef au bas de l'Œuvre fur une même ligne de fauteuils. Alors M. l'Abbé Clement, Aumônier & Prédicateur du Roy de Pologne, Duc de Lorraine, eft monté en chaire, & ayant demandé & reçu la bénédiction de Monfeigneur l'Archevêque de Tours, il a prononcé fur la Dédicace un excellent difcours qui fe raportoit tout entier à celle que l'on folennifoit. Il a fourni à fon fujet avec une éloquence qui devoit fes plus juftes & plus beaux traits à la préfence & au miniftere du Clergé de France dans cette occafion.

Le Sermon étant fini, Monfeigneur l'Archevêque de Tours a donné à tout le peuple la bénédiction folennelle, & s'eft rendu tout de fuite à fon Trône. Noffeigneurs les Archevêques & Evêques ont repris dans le Chœur leurs mêmes places du matin; enforte que les vingt Confécrateurs étoient en rang avec eux. On a chanté None, & enfuite les Vêpres. Au *Magnificat* M. le Curé & M. le Vicaire ayant fait les encenfemens ordinaires devant le Maitre-Autel, font venus au pied du Trône où ils ont encenfé à genoux Monfeigneur l'Archevêque de Tours. De-là ils fe font préfentés devant chacun de Noffeigneurs les Prélats qu'ils ont encenfés. S'étant enfuite rendus à la Chapelle de la Sainte Vierge, au pied de l'Autel nouvellement confacré, ils ont encenfé le Très-Saint Sacrement qui y répofe. Enfin ils ont fait la même chofe à chacun des douze piliers du Chœur & de la Nef qui avoient reçu l'onction du faint Crême.

A l'iffüe des Vêpres, Monfeigneur l'Archevêque de Tours a donné la bénédiction folennelle, & après les Complies on s'eft retiré pour rentrer au Chœur un peu avant huit heures du soir. On a chanté le Salut en musique de la composition de M. Clérambault, Maître de Musique, & Organiste de Saint Sulpice. Les paroles du Motet propre à la Dédicace, prises de l'Ecriture-Sainte, étoient du choix de M. Roy, Chevalier de Saint Michel. L'éxécution a parfaitement répondu au goût qu'avoient mis dans leurs composi-tions ces deux grands Maîtres. Plus de quatre-vingt Musiciens ou Simphonistes y ont signalé leurs divers talens.

Toutes ces belles Cérémonies ont reçu aussi beaucoup d'éclat par la magnifique illumination de toute l'Eglise, Messieurs les Mar-guilliers ayant fourni tous les cierges & les bougies avec beaucoup de libéralité.

Après la Bénédiction du très-saint Sacrement à laquelle toute la Musique a répondu, il s'est fait encore une grande décharge ; & chacun s'est retiré plein d'admiration & d'édification.

C'est une chose digne de remarque dans cette célebre journée, que nonobstant le prodigieux concours de monde, tout s'est passé avec un ordre & une tranquillité parfaites. Une sainte joye étoit peinte sur tous les visages, & tout respiroit une profonde vénération pour la majesté de Dieu qui venoit de consacrer son Temple. *Erat enim populus jucundus, secundùm faciem Sanctorum.*

Nosseigneurs les Consécrateurs, conformément au Pontifical & aux Canons de l'Eglise, ont accordé l'Indulgence d'une année à toutes les personnes qui visiteront cette Eglise avec les disposi-tions requises le jour de sa Dédicace : & l'Indulgence de quarante jours à perpétuité en faveur de ceux qui pareillement la visiteront à chaque anniversaire.

EXTRAIT DU REGISTRE
de la Fabrique de Saint Sulpice, du 7 Juillet 1745.

IL étoit convenable que la solennité de cette Dédicace fut suivie d'une Octave qui en prolongeât la célébrité & le fruit : c'est ce qui s'est pratiqué dans l'ordre suivant.

Le Jeudi premier jour de ce mois de Juillet, Messieurs les Doyen, Chanoines & Chapitre de l'Eglise Métropolitaine ayant été ci-devant supliés & invités par M. le Curé, au nom de toute la Paroisse, de faire l'honneur à cette Eglise d'y venir processionnel-lement célébrer la premiere Grand'Messe après sa Consécration ; non-seulement ils répondirent à cette invitation avec toute la bonté & la politesse imaginables, mais ils ont bien voulu accompagner une démarche aussi obligeante de tout l'apareil qui pouvoit la rendre plus honorable. Tous Messieurs les Chanoines étoient en habits violets, & Messieurs les Doyen & Dignités en rouge, de même que ceux de Messieurs du Chapitre qui sont Conseillers au Parlement.

La Baniere de Notre-Dame étoit à la tête de la Procession, ac-compagnée d'un grand nombre de pieuses personnes. Les quatre Chapitres des Eglises que l'on nomme les quatre Filles de N. D. marchoient en bel ordre précédés de leurs quatre Croix qui étoient portées ensemble. Paroissoit ensuite celle qui ouvroit la marche du Chapitre. Rien de plus précieux que cette Croix qui est d'or massif, garnie de très-belles pierres, mais sur-tout vénérable par une por-tion

tion de la vraie Croix de Notre - Seigneur qui y est enchassée. M. l'Abbé de Saint Exupery, Grand Chantre, marchoit après, & à la tête de tout le Clergé qui étoit très-nombreux, étant grossi par le concours des Chanoines Honoraires & Chapelains qui avoient été convoqués exprès. M. l'Abbé de Harcourt, Doyen, fermoit cette grande Procession, & étoit suivi de tous les Officiers de Robe courte de l'Eglise de Paris.

C'est dans cet ordre, qui régla & signala leur marche depuis l'E-glise Métropolitaine, que ces Messieurs arriverent à Saint Sulpice sur les neuf heures du matin. Ils trouverent à leur passage devant le Grand Portail deux Compagnies des Gardes Suisses, & ils furent salués par une décharge de boëtes. M. le Curé étoit à l'entrée de l'Eglise avec un grand nombre d'Ecclésiastiques en Chapes & tout le reste du Clergé de la Communauté & des Séminaires de Saint Sulpice, & Messieurs les Marguilliers. Il donnoit l'eau benite de son côté, & M. le Vicaire donnoit l'encens du sien. M. le Curé présenta le goupillon à M. l'Abbé de Harcourt, qui l'ayant accepté & pris lui-même l'eau benite, en aspersa le peuple qui suivoit la Procession.

Le Clergé de Notre-Dame prit ensuite place dans le Chœur, & se trouva assez nombreux pour le remplir entierement, quoiqu'il n'y eut aucun autre Ecclésiastique. On chanta Tierce solennelle-ment, à la maniere des Fêtes Annuelles. M. l'Abbé de Harcourt assisté d'un Chapelain en Chape, chanta la Grand'Messe : M. l'Ab-bé Farjonel de Hauterive, Chanoine & Conseiller au Parlement, fit l'office de Diacre ; & M. l'Abbé Tudert, aussi Chanoine & Con-seiller au Parlement, fit celui de Soudiacre. Ils étoient accompa-gnés de six Induts, tous revêtus des plus beaux ornemens de l'Eglise. Cette Grand'Messe fut chantée par les Musiciens du Chapitre avec leur succès ordinaire, sur-tout lorsqu'ils éxécutent d'après les compositions de M. Haumet, Maître de Musique de Notre-Dame. Toutes les Cérémonies se firent avec une dignité & un concert aussi admirables, qu'édifians.

M. le Curé, tout le Clergé & Messieurs les Marguilliers reconduisirent tous ces Messieurs jusqu'à la grande Porte de l'Eglise, avec mille actions de graces de l'honneur qu'ils avoient fait à la Paroisse, & des bénédictions qu'ils lui auroient attirées par leurs prieres & saint sacrifice.

L'après-midi les Vêpres furent solennellement chantées par le Clergé de la Paroisse, & le soir il y eut Salut & Bénédiction du très-saint Sacrement donnée par Monseigneur l'Archevêque de Sens.

Le Vendredi, second Juillet, tout l'Hôtel Royal des Invalides ayant été invité par M. le Curé de venir prendre part à cette Fête, se rendit sur les neuf heures à l'Eglise de Saint Sulpice, & fut reçu au bruit d'une grande décharge de boëtes, & au son des Trompetes & Timbales placées sur la Tribune de l'Orgue. Les dispositions, tant au dehors, qu'au dedans de l'Eglise furent les mêmes que la veille ; soit pour faciliter l'abord, soit pour honorer l'entrée de cette religieuse & militaire Procession.

Elle avoit à sa tête M. le Prevôt de l'Hôtel, & quantité d'Archers & Hallebardiers qui précédoient le Drapeau de la Confrérie du saint Sacrement. Toute cette Confrérie composée d'Officiers qui marchoient deux à deux avec une modestie parfaite, étoit suivie du Clergé de l'Hôtel. On y voyoit plusieurs jeunes Gentilshommes qui sont élevés dans cet Hôtel avec un air de piété & de gravité digne du Clergé auquel ils étoient associés. Venoient ensuite Messieurs les Prêtres de la Congrégation de la Mission, & M. Bailly, Curé dudit Hôtel en Etole. Immédiatement après lui marchoit

M. de la Courneuve, Commandeur de l'Ordre Royal & Militaire de Saint Louis & Gouverneur de l'Hôtel Royal des Invalides, accompagné de M. le Chevalier de la Marck, Lieutenant de Roy. Les Gardes de M. le Gouverneur étoient aux deux côtés de ces Messieurs. Les Officiers de l'Etat Major, & autres dudit Hôtel suivoient deux à deux. Enfin tous les Soldats Invalides, au nombre d'environ quatre mille, marchoient quatre à quatre par Brigades avec leurs Sergens, & donnoient un spectacle admirable de Religion & de parfaite discipline militaire.

M. le Gouverneur & tout l'Etat Major, ainsi que Messieurs les principaux Officiers de l'Hôtel, prirent les places qui leurs étoient préparées dans le Chœur, aux formes les plus proches de l'Autel garnies de tapis & de carreaux. Tous les autres Officiers & Soldats se rangerent dans la Croisée & dans la Nef, sur des chaises proprement disposées.

M. le Curé des Invalides dit la Grand'Messe avec ses Ecclésiastiques qui y servoient revêtus des plus beaux Ornemens. Le chant en fut entremêlé de fanfares des Trompetes & Timbales qui concerterent ensemble & avec l'Orgue. On chanta aussi deux Motets avec accompagnement sur l'Orgue qui fut touchée par M. Landrin, célébre Organiste de l'Eglise des Invalides. Les Tambours battirent aux champs à l'Elévation, & de plus, suivant l'usage des Camps, au *Domine, non sum dignus.*

Le Clergé dit Sexte à l'issüe de la Grand'Messe, & se retira avec tout le Militaire, dans le même ordre & avec la même édification qu'ils avoient donnée en venant & en assistant à l'Eglise. Messieurs les Curé & Marguilliers de Saint Sulpice les reconduisirent jusqu'à la Grande Porte.

Les Vêpres se dirent ce jour-là, comme le jour précédent. Le Salut se fit aussi avec les mêmes solennités : Monseigneur l'Evêque de Saint Paul - Trois - Châteaux y officia pontificalement.

Le Samedi, 3. Juillet, Messieurs les Supérieur, Directeurs & Séminaire de Saint Louis, établi sur la Paroisse, près le Luxembourg, se rendirent à dix heures du matin à l'Eglise pour y chanter la Grand'Messe. Ils s'en acquitterent avec ce zéle pour le service des Autels qui caractérise l'éducation que l'on reçoit dans cette Maison. Ce respectable Clergé composé de plus de cent cinquante Ecclésiastiques fut reçu & reconduit avec les honneurs ordinaires.

Monseigneur l'Evêque d'Acqs officia pontificalement au Salut.

Le Dimanche, 4. Juillet, les deux Prônes aussi-bien que les deux premieres Messes Paroissiales furent comme à l'ordinaire. Monseigneur l'Evêque d'Acqs officia pontificalement à la troisiéme & derniere Grand'Messe. L'après-midi, il y eut Sermon par le R. P. de Beauvais, Jésuite, Prédicateur du Roy, qui parla d'une maniere également propre à l'objet de ces solennités,& intéressante pour les Paroissiens.

Monseigneur l'Evêque de Tréguiers officia pontificalement à Vêpres, ainsi qu'au Salut, qui fut chanté en Musique avec un nouveau Motet propre à la Dédicace. Cette Musique ne réussit pas moins bien que le premier jour, étant éxécutée par le même nombre de Musiciens & Simphonistes. L'illumination répéta le même coup d'œil qu'au premier Salut; & le tout fut pareillement terminé par une décharge de boëtes.

Le Lundi, 5. Juillet, M. l'Abbé de Combes, Supérieur du Séminaire des Missions Etrangeres, avec tout son Clergé vint processionnellement pour chanter la Grand'Messe. Ils furent reçus avec les mêmes honneurs que les jours précédens, & avec d'autant plus de satisfaction, que ces Messieurs font un bien infini dans la Paroisse par leur bon éxemple , leurs inſtructions & tous les bons offices qu'ils veulent bien rendre aux Paroiſſiens.

Les Vêpres ſolennelles, & le Salut Pontifical, où Monſeigneur l'Evêque d'Aire officia.

Le Mardi, 6. Juillet , Meſſieurs du Séminaire de Saint Nicolas du Chardonet furent reçus à leur entrée dans l'Egliſe comme ci-deſſus. Ce grand & religieux Clergé fit voir dans cette occaſion , comme dans toutes les autres , qu'il eſt encore dans la premiere ferveur de ſon inſtitut. M. le Curé de S. Nicolas officia à la Grand'-Meſſe.

Le ſoir, Monſeigneur l'Evêque de Tulles fit le Salut.

Le Mercredi , ſeptiéme jour de Juillet & le dernier de l'Octave , tout le Clergé des Séminaires de Saint Sulpice , uni de cœur , d'eſprit & de conduite avec M. le Curé & Meſſieurs de la Communauté de la Paroiſſe , ſe raſſembla à neuf heures du matin au nombre de plus de trois cens Eccléſiaſtiques, ayans à leur tête M. l'Abbé Couſturier , Supérieur Général des Séminaires de Saint Sulpice , Meſſieurs les Supérieurs & Directeurs du grand & petit Séminaire & des Communautés qui en dépendent. Ils furent reçus par Meſſieurs les Curé & Marguilliers , & par Meſſieurs de la Communauté ; M. le Curé & M. le Vicaire donnant l'eau bénite & l'encens. M. l'Abbé Couſturier célébra la Grand'Meſſe qui fut parfaitement bien chantée , & toutes les Cérémonies faites avec cette régularité & cette décence qui ont fait de tout tems l'édification de la Paroiſſe.

Ces Meſſieurs officierent de même à Vêpres , après leſquelles M. l'Abbé de la Tour du Pin prêcha ſur la Conſécration de cette Egliſe avec un ſuccès conforme à la réputation qu'il s'eſt déja faite en ce genre , tout jeune qu'il eſt, & qui ajoute à celle de ſon nom.

Après ce Sermon , le reſte du jour fut occupé aux préparatifs du

Salut, qui devoit, avec le *Te Deum*, confommer & couronner les folennités de la Dédicace, & auquel tout le Corps de Ville étoit invité d'affifter.

Quelque tems avant la Dédicace, Monfeigneur le Comte de Maurepas & M. le Curé de Saint Sulpice jugerent convenable d'en faire part à Monfeigneur le Duc de Gêvres, Gouverneur de Paris, & à Monfieur de Bernage, Confeiller d'Etat ordinaire & Prevôt des Marchands. Ces Seigneurs trouverent qu'un Temple auffi confidérable que celui-ci dans la Capitale du Royaume méritoit leur attention : elle eft toujours prête à fe déclarer pour tout ce qui peut être utile ou honorable à la Patrie.

M. le Curé s'étoit enfuite rendu au Bureau de la Ville pour le remercier de la protection qu'il avoit jufqu'à préfent accordé à la Paroiffe de Saint Sulpice, des grands bienfaits que fes pauvres en avoient fouvent reçus, & en reçoivent encore actuellement, par le pâturage que ces Meffieurs veulent bien accorder en faveur des petits enfans des Pauvres.

Après ces Actions de graces, M. le Curé fuplia Meffieurs de vouloir bien prendre part à la folennité prochaine de la Dédicace & Confécration de l'Eglife de Saint Sulpice : de choifir le jour & l'heure qui conviendroit au Bureau pour être préfens à l'un des Saluts, & de marquer dans toute l'Eglife les places qu'ils jugeroient les plus commodes & les plus convenables. M. le Prevôt des Marchands & tous Meffieurs du Bureau répondirent avec tant de bonté & de politeffe à cette demande, qu'ils donnerent la confiance à M. le Curé de leur demander encore une grace ; celle d'ordonner à M. Beaufire, leur célébre Architecte, de donner fes avis fur la façon dont il conviendroit d'orner l'Eglife de Saint Sulpice dans cette occafion. Ces Meffieurs lui en donnerent l'ordre fur le champ, & y ajouterent celui de fournir des Gardes-meubles de l'Hôtel de

Ville ce qui feroit néceffaire. L'un & l'autre a été éxécuté avec toute la diligence poffible & avec ce goût diftingué dont M. Beaufire avoit traité les décorations des dernieres Fêtes de la Ville. Meffieurs choifirent enfuite le jour qui leur convenoit, fçavoir ; celui de l'Octave : l'heure du Salut, à fept heures & demi du foir ; & pour place, la grande Œuvre à caufe de fon étendue capable de tenir leur Compagnie. Meffieurs les Marguilliers, par délibération précédente, avoient deftinés à cet effet les mêmes places qui furent propofées & acceptées.

Ce fut donc en conféquence de ce choix, qu'au jour ci-deffus, après les Vêpres & le Sermon, plufieurs Officiers & Gardes de l'Hôtel de Ville fe rendirent à l'Eglife pour prendre la garde de l'Œuvre & du grand Portail. Cependant M. le Curé donna fes foins pour l'arrangement de l'Eglife, afin que le grand concours n'occafionnât aucun défordre, & que tout le monde pût affifter au Salut avec la tranquillité & la piété convenables. Il eut auffi attention de difpofer le long des deux principales avenues de l'Eglife un grand nombre de Gardes Suiffes pour préparer un chemin libre, & faciliter l'abord des Caroffes & du Cortége de Meffieurs de la Ville. Meffieurs les Officiers de fon Régiment prirent, de leur côté, de nouvelles mefures en poftant leurs Arquebufiers depuis l'Œuvre jufqu'à la grande Porte, & mettant au bas du Portail en dehors quelques Brigades dudit Régiment. Ils rangerent auffi dans le Veftibule leurs Trompetes, Timbales, Hautbois & Tambours.

Sur les fept heures, Meffieurs les Marguilliers, tant ceux en Charge qu'anciens, Monfeigneur le Comte de Maurepas à leur tête, s'affemblerent au Prefbytere, dans l'Appartement de M. le Curé, qui de-là les conduifit à l'Eglife. Ils y entrerent par la grande Porte, précédés des deux Suiffes de la Paroiffe, des fix Bédeaux en robe, & de douze Suiffes de la grande Livrée du Roy.

Il y eut alors une premiere décharge de boëtes, & les Trompetes & autres Inſtrumens firent retentir leurs fanfares. Meſſieurs les Marguilliers allerent prendre leurs places au Chœur dans les hautes formes du côté de l'Epître, leſquelles étoient ornées de tapis & carreaux.

Peu de momens après, Meſſieurs les Prevôt des Marchands, & quatre Echevins, arriverent à l'Egliſe. Ils étoient accompagnés des principaux Membres & Officiers du Bureau, tels que Meſſieurs les Procureur & Avocat du Roy & de la Ville, le Greffier, & le Receveur; de quatre d'entre Meſſieurs les Conſeillers de Ville, (tous ces Meſſieurs en robes-rouges) & de ſix Députés du nombre de Meſſieurs les Quartiniers dans leurs habits de cérémonie, de même que le premier Huiſſier, & cinq Huiſſiers ordinaires. Et pour que le concours fut de tous les ordres par la jonction du militaire de la Ville, Meſſieurs les Lieutenant Colonel, Major & principaux Officiers de ſon Régiment étoient avec ces Meſſieurs. Ils deſcendirent tous de caroſſe devant le grand portail, toujours entre deux files de leurs Gardes à pied. Il ſe fit en même-tems une grande décharge de boëtes, les fanfares recommencerent, & l'Orgue joua à leur entrée; le ſon de toutes les cloches continuant à l'annoncer au loin.

Monſeigneur le Comte de Maurepas, & tous Meſſieurs les Marguilliers: M. le Curé donnant l'eau-benite, M. le Vicaire l'encens, l'un & l'autre avec une grande quantité d'Eccléſiaſtiques en chapes, & tout le reſte du Clergé de S. Sulpice ſe trouverent à la grande porte à la rencontre de ces Meſſieurs; & les ayans reçus, ils les conduiſirent à l'Œuvre. La compagnie de pluſieurs Seigneurs & Dames qui arriverent en même-tems trouva des chaiſes préparées devant l'Œuvre.

Après cette entrée ſe fit celle de Monſeigneur l'Archevêque

de

de Toulouſe qui vint pour officier pontificalement au Salut. Tout le Clergé, & Meſſieurs les Marguilliers ſe retrouverent à la porte pour le recevoir, tandis que M. le Curé fut l'accueillir & le prendre au Preſbytere, où il s'étoit arrêté pour ſe revêtir de ſon rochet & de ſon camail. Il en ſortit précédé du même cortége de Suiſſes & Bédeaux, marchant à la ſuite de pluſieurs Eccléſiaſtiques en chapes; & il fut conduit avec la croix dans l'Egliſe, où ſon entrée fut ſaluée par les mêmes bruits de guerre mêlés au ſon des cloches, & par une nouvelle décharge de boëtes. S'étant rendu au Sanctuaire en habits Pontificaux qu'il prit dans la grande Sacriſtie, à meſure que le Clergé & Meſſieurs les Marguilliers prenoient leurs places au Chœur; on fit l'expoſition du Très-Saint Sacrement, & le Salut commença. La Muſique chanta les Motets du Saint Sacrement, de la Sainte Vierge, de la Dédicace de l'Egliſe, & la Priere pour le Roy, tous de la compoſition de M. Clérambault, & éxécutés par près de cent Muſiciens, l'élite de Paris & de Verſailles.

Après la Bénédiction du Très-Saint Sacrement, à laquelle il ſe fit une nombreuſe décharge de boëtes, Monſeigneur l'Archevêque de Toulouſe monta à ſon Trône. Il entonna le *Te Deum* qui fut repris & chanté par toute la Muſique, & conclu par l'Oraiſon *Pro gratiarum actione.* On ne pouvoit mieux terminer que par ce chef-d'œuvre de muſique, l'une des plus accomplies productions du fameux Clérambault. Monſeigneur l'Archevêque de Toulouſe donna enſuite la Bénédiction ſolennelle : & les réconduites s'étant faites comme les entrées, chacun ſe retira avec un général contentement & applaudiſſement de tout le monde. L'illumination du grand Autel, du Chœur, & de toutes les parties de l'Egliſe parut avec d'autant plus d'éclat, que la nuit étoit commencée.

Une derniere circonſtance qui contribuoit à l'embéliſſement de ces fêtes eſt la décoration de l'Egliſe au jour, & pendant l'Octave de la Dédicace.

En général l'Architecture de ce Temple eſt telle, qu'il n'a beſoin de preſqu'aucune décoration que celle qu'il préſente par lui-même. Mais s'il y a lieu d'y ajouter des ornemens étrangers pour la diſtinction des ſolennités, ils étoient ſur-tout convenables dans une occaſion auſſi célébre que celle-ci.

Les tapiſſeries que l'on emploit pour réhauſſer la ſtructure intérieure des Egliſes n'auroient ſervi ici qu'à maſquer les beautés de l'Architecture, & les Ouvrages de Sculpture qui y ſont répandus. Tout conſiſtoit donc à ménager avec intelligence le peu d'ornemens dont ce magnifique Vaiſſeau permettoit que l'on fit uſage.

Et d'abord pour mettre à profit le vuide que laiſſent encore quatre Statuës qui reſtent à mettre en place, deux dans le Chœur, & deux dans la croiſée, on avoit dreſſé ſur leurs conſoles quatre corps de décoration uniformes. Leur ſituation ne pouvoit être plus avantageuſe : deux s'élevoient au fond du Chœur, en face des deux pieds droits de l'Arcade du chevet; & les deux autres dans la croiſée, de l'autre côté des piliers latéraux de l'Autel. Chacun de ces corps préſentoit un Palmier doré de hauteur naturelle, ſortant en demi boſſe des conſoles. Sur le devant étoit poſée une torchere auſſi dorée, à trois tiges, dont chacune portoit un double rang de girandoles de criſtal. Elles formoient une pira-mide de lumieres qui étoit terminée par une girandole poſée au haut du fuſt des Palmiers.

Quelque grand que fut l'effet de cet aſſemblage de lumieres, on peut dire qu'il étoit confondu dans la prodigieuſe illumination de l'Egliſe. Comme c'étoit-là peut-être le ſeul genre de magnifi-cence où il fût libre de s'étendre, on n'avoit rien épargné pour la rendre complete. Les luſtres y étoient multipliés au nombre de

plus de quarante, tous de criſtal, & pour la plupart à deux rangs
de bougies; & outre ceux qui éclairoient le Chœur, il regnoit à
ſon pourtour, au-deſſus des grilles, un rang fort ſerré de lumieres:
le tout borné par un riche candelabre de fer doré qui termine l'en-
ceinte du Chœur.

Pour varier le point de vûë, on n'avoit pas négligé une ſorte
d'agrément dont les plus belles fêtes ſont toujours aſſaiſonnées,
& qui ne paroiſſoit ici ni déplacé ni foible parmi tant d'objets plus
brillans. Des fleurs artificielles diſpoſées avec goût, & tiſſues en
guirlandes & en chutes y figuroient agréablement.

Celles d'entre les Chapelles où l'on n'a pu encore faire les em-
belliſſemens que l'on ſe propoſe, étoient décorées d'une maniere
uniforme, & leurs Autels garnis d'un parement & contre-table
de toile d'argent, ornés de galons d'or.

Aux deux côtés de la grande porte, & dans l'entre-colonne de
la Tribune de l'Orgue, pendoient deux excellens tableaux de Jou-
venet: ils occupoient l'eſpace deſtiné à deux inſcriptions prêtes à
mettre en place pour monument de cette Dédicace. Elles ſeront
gravées ſur deux tables en quarré long de marbre noir, encaſtrées
dans des bordures de marbre de Languedoc, leſquelles ſe détache-
ront d'une incruſtation en marbres Breche d'Alep, & vert de mer
qui doit regner, en façon de ſocle, à la hauteur d'environ trois
pieds, ſur toute la face intérieure du mur de clôture.

Dans les dehors de l'Egliſe paroiſſoit un ample Drapeau arboré
ſuivant l'uſage, dès la veille de la Fête. Ce Drapeau étoit fait en
forme de flâme d'une belle toile blanche, liſerée de couleur rouge,
avec une grande croix de même au milieu. Il étoit ſuſpendu au
haut du portail de la croiſée du côté du Nord, ſortant du milieu
du fronton par l'œil de bœuf dont le timpan eſt percé. Ce Drapeau eſt conſervé dans le Garde-meuble de l'Egliſe pour être ex-
poſé tous les ans à l'anniverſaire.

D ij

L'objet de cette Fête s'annonçoit dès l'abord de l'Eglise par un large tableau qui garnissoit la partie ceintrée de la grande porte. On y lisoit sur un fonds d'azur dans un cartouche de dorure, accompagné de figures d'Anges, ces paroles de l'Ecriture Sainte en lettres d'or : *Benedictus Dominus qui exaltavit eam.*

Et ont signé, *MAUREPAS. MESNIL. DE SAVIGNY & PIAT.*

Je soussigné certifie le présent Extrait conforme à l'Original. Signé, *LANGUET DE GERGY, Curé de Saint Sulpice,*

APPROBATION.

J'ai lû la présente Relation par ordre de M. le Lieutenant Général de Police; elle m'a paru aussi édifiante, que bien écrite. A Paris ce 16 Décembre 1745.

Signé, L'Abbé LEROUGE.

Vû l'Approbation ci-dessus, permis d'imprimer ce 16 Décembre 1745. Signé, *MARVILLE.*

EXPLICATION
Des Médailles du Frontifpice & de la Vignete.

LA premiere, eft la Médaille du ROY. Sa Majefté y eft repréfentée en Bufte, revêtue de la Cuiraffe, & couronnée de Lauriers. Au tour eft la Légende, Lud. XV. Rex Christianiss. *Louis XV. Roy Très-Chrétien.*

Le Revers préfente le grand Portail de l'Eglife. On y lit cette Infcription, S. Sulpicio S. qui marque qu'elle eft dédiée *Sous l'Invocation de Saint Sulpice.* Ces mots de la Légende, Dedit hoc Deus in corde Regis, & ceux de l'Exergue, Ut glorificaret domum Domini, fignifient que *C'eft Dieu même qui a infpiré au Roy ce zéle admirable pour la gloire de la Maifon du Seigneur.* Ce Temple eft en effet l'ouvrage de la protection & des bienfaits de Sa Majefté, & un Monument de fa Religion.

C'est un Paffage tiré mot à mot du premier Livre d'Efdras, Chapitre VII. qui forme cette Légende.

Au bas de l'Exergue eft le milléfime de la préfente année 1745.

La Vignete renferme une feconde Médaille, où l'on voit dans le premier côté les deux Buftes de Saint Pierre & de Saint Sulpice, dont l'un eft principal Patron, & l'autre Titulaire de cette Eglife. Outre l'atribut ordinaire du premier, qui font les deux Clefs, & la Châpe dont le fecond eft vêtu, & qui fert à le défigner ; on les reconnoît aux Lettres initiales de leurs Noms, S. P. S. S. gravées fous leurs Effigies. Au tour des Têtes, on lit cette Légende, Ubi præsunt prosint, qui exprime la jufte confiance, *Qu'ils préfident à ce Temple pour y être nos Pro-tecteurs.*

Dans le revers on a repréfenté la Coupe en perfpective de l'Eglife. On y voit de front une portion de la Nef, & par des échapées l'un des bas côtés du Chœur, & la naiffance d'un des bras de la Croifée. L'Autel qui eft à la Romaine, paroît en face, & le Chœur en fuite. Chacune de ces parties a tous fes accompagnemens, qui font détaillés fans confufion.

La Figure qui paroît fur le devant avec un Voile fur la Tête, & vêtue d'une Mante femée de Croix & de Fleurs de Lys, eft le Type de l'Eglife Gallicane. Elle eft de plus caractérifée par tous les Atributs de l'Epifcopat raffemblés devant elle : tels que le Livre des Saints Evangiles ouvert, la Croffe, la Mitre & la Croix à deux branches, Symbole de la dignité primatiale. Son action, qui eft celle d'une Perfonne qui éléve un Encenfoir fumant vers l'Autel, de même que fon atitude, expriment l'ardeur de fes Vœux, pour attirer dans ce Temple la Majefté du Sei-gneur. La même Nuée lumineufe qui remplît le Temple de Salomon au jour de fa Dédicace, en figne de la poffeffion que le Seigneur en prenoit, retrace ici ce qui s'eft paffé d'une maniere invifible, à la Confécration de cette Eglife.

Les mots de la Légende, Rediviva Sacrorum Majestas, qui ra-pellent la Célébrité des anciennes Dédicaces faites par des Affemblées d'Evêques, & ceux de l'Exergue, Clero Gallicano Consecrante, fignifient : *Majefté des Cérémonies Sacrées renouvellée dans cette Confécration faite par le Clergé de France.*

Au-deffous eft la date de l'année 1745.

www.ingramcontent.com/pod-product-compliance
Ingram Content Group UK Ltd.
Pitfield, Milton Keynes, MK11 3LW, UK
UKHW021629130726
13696UKWH00005B/2088